DE L'EXCELLENCE

DES COURONNES CIVIQUES.

ERRATA.

Page 13, à la fin du premier alinéa : et cet usage se maintenait et long-temps encore après, etc.; *lisez* : et cet usage se maintenait long-temps encore, après, etc.

Page 29, à la fin du premier alinéa : la reconnaissance au dévouement, et la reconnaissance à la vertu; *lisez* : la reconnaissance au dévouement, et l'admiration à la vertu.

Page 35, à la fin du deuxième alinéa : en récompensant la vertu on ne voulait pas exciter la cupidité ? *supprimez* le point d'interrogation à la fin de cette phrase.

Page 37, ligne première : je dis des couronnes civiles; *lisez* : je dis de la couronne civile.

Page 45, ligne 8 : Ajoutons que les plus éloquens à la tribune sont toujours les meilleurs citoyens; *lisez* : Ajoutons que les meilleurs citoyens sont toujours les plus éloquens à la tribune.

DE

L'USAGE DES COURONNES

DONATIVES, CIVILES ET MILITAIRES,

CHEZ LES ANCIENS,

ET DE L'EXCELLENCE

DES

COURONNES CIVIQUES.

Protegat et nostras querna corona fores.
OVID., Fastor.

PARIS.

PLANCHER, LIBRAIRE, QUAI ST.-MICHEL, N° 15.

1823.

LETTRE

A L'HONORABLE M. MANUEL,

DÉPUTÉ DE LA VENDÉE.

L'HOMMAGE que vous a naguères décerné la reconnaissance publique, MON ILLUSTRE COMPATRIOTE, est d'autant plus glorieux pour vous, qu'il s'est signalé par des formes inusitées dans les États modernes, et empruntées aux plus belles mœurs antiques. C'est en effet une chose assez extraordinaire en France, qu'une *couronne civique*, offerte par des villes entières à un citoyen. Je ne sache pas même qu'à cette époque de notre révolution où l'on s'était jeté, avec trop peu de discernement, dans l'imitation des usages grecs et romains, on ait, à l'exemple de ces grands peuples, donné de telles récompenses aux hommes qui ont eu le plus de popularité. C'était pourtant de toutes les majestueuses coutumes émanées du génie de la liberté, la plus aisée comme la plus utile à transplanter, dans notre époque de renouvellement et de régénération.

Quoi qu'il en soit, beaucoup de gens se sont demandé ce que c'était qu'une couronne civique; et ceux qui avaient vu votre exclusion avec joie, ont profité de cette incertitude des notions communes sur un usage antique, pour essayer de discréditer la noble compensation qui vous était offerte, et de tourner en ridicule l'élan spontané de sentimens qu'ils calomnient ou ne comprennent pas. Certes, si l'on pouvait gâter les bonnes choses avec de mauvais noms, il ne tiendrait pas à eux que la couronne civique ne fût une chose très-déplacée. Cependant il me semble qu'une manifestation si imposante et si singulière de l'opinion publique, mérite d'être envisagée avec moins de légéreté par ceux même qu'elle choque.

Je me suis fait la même question que tant d'autres, relativement à la couronne civique; et peu satisfait de ce qu'ont dit à ce sujet les modernes explorateurs de l'antiquité, j'ai demandé quelques renseignemens à leurs devanciers. Voici le modeste résultat de mes recherches. Je l'ai réduit sous la forme la plus succincte et la plus légère qu'il soit possible, pour la plus grande commodité des curiosités paresseuses.

D'ailleurs, il ne s'agit guères de politique dans cet opuscule; et je le livre avec confiance, dans sa simplicité, à l'investigation sévère de ceux à qui de droit. Ce sont ici choses littéraires et inoffensives d'intention comme de fait. J'ai pour garans de ma sécurité les auteurs que je mets à contribution, pour rendre ce petit travail non indigne de son objet. Ces auteurs sont : Pausanias, Athenée, Plutarque, Pline l'ancien, Juste Lipse, le Père Montfaucon et le savant *Paschalius*, spécial sur la matière. Je ne pense pas avoir fait un mauvais usage de l'érudition qu'ils m'ont prêtée. En tout cas, je me recommande à la Sainte Vierge et à tous les saints du Paradis, car il n'y a rien autre à faire.

Vous voyez que l'occasion me serait belle pour me faire une petite réputation de savant, et me donner certain vernis d'érudition ; car vous pouvez juger de mes accointances littéraires par l'échantillon que je viens de vous en donner. Je pourrais, en toute sûreté de conscience, saupoudrer ma dissertation, de deux cents passages tant grecs que latins :

Mais à quoi tout cela servirait-il? Quand je me serais prévalu de la connaissance particulière d'*Hésychius* ou de *Lambinus*, et de trente scoliastes de cette force, les gens qui prétendent que je ne suis qu'un ignorant n'en auraient pas moins raison. Est-on savant en effet pour avoir, vingt ans de sa vie, feuilleté de vieux et de nouveaux livres? Non, certes. On n'acquiert à ce métier qu'une vaine et stérile science, pouvant servir tout au plus, quand on rédige un journal littéraire, à faire passer de mauvaises nuits aux auteurs qui, écrivant aussi après avoir lu, voudraient nous persuader que tout ce qu'ils pillent et remettent à neuf, ils l'inventent C'est une sorte de supercherie très-usitée aujourd'hui, mais dont les ignorans ne sont pas toujours dupes; ce qu'il est bon de faire savoir dans l'occasion.

Laissons cela, et parlons des couronnes; j'ai dessein d'ajouter un petit fleuron à la plus simple de celles qui vous ont été décernées. Une des plus importantes et des plus héroïques cités de France, vous en a voté une d'or; l'austère et sage Grenoble vous en a offert une de feuilles de chêne: ces deux couronnes sont belles et dignes ; car, quelle que soit la différence de leur matière, toutes deux tirent uniquement leur prix de la noble et courageuse conduite dont elles sont la récompense. Que si j'avais à choisir, je donnerais pourtant la préférence à la dernière, ne fût-ce que par zèle pour la plus haute et la plus pure antiquité.

Je me crois obligé de m'arrêter un moment sur l'origine, les destinations primitives des couronnes en général; après quoi je parlerai des couronnes *donatives*, et principalement des couronnes *civiles*, ou données au mérite civil.

La couronne *civique*, appellation devenue générique chez les modernes, n'était, chez les Romains, que l'attribution d'un cas tout particulier. Ainsi, en mettant dans mon titre, des couronnes *civiques*, et non point des couronnes *civiles*, je me suis conformé aux idées reçues, beaucoup plus qu'à l'exactitude des traditions historiques. Autre preuve que je ne suis pas un savant : je sacrifie l'exactitude scientifique à la nécessité d'être entendu.

Au surplus, une telle discussion n'est pas tant frivole et oiseuse ; il convient assez de propager une connaissance suffisante de ces usages des peuples libres de l'antiquité, que l'esprit public, renaissant en France, adopte avec une sorte d'enthousiasme. En outre, je prouverai, chemin faisant, et très-utilement, ce me semble, le tort de tant de gens difficiles à contenter, qui vont se plaignant sans cesse que nous ne sommes pas libres..... Nous sommes libres, leur dirai-je avec confiance, ou du moins bien près de l'être : car les peuples esclaves n'ont de couronnes que pour la puissance; et il n'appartient qu'aux nations indépendantes et fières de leurs droits, d'en décerner au patriotisme, aux grands talens et aux vertus.

Semper valeas.

ALPH. RABBE.

DE L'USAGE
DES COURONNES DONATIVES,
CIVILES ET MILITAIRES, CHEZ LES ANCIENS,
ET DE L'EXCELLENCE
DES COURONNES CIVIQUES.

Nous ne remonterons pas avec nos savans guides à l'étymologie assez douteuse du mot *couronne*, ni aux acceptions très-variées du mot couronner. Il nous suffira d'emprunter la définition fournie par l'un d'eux.

Une couronne, dans le sens propre et primitif, est un ornement circulaire de la tête, non point adopté comme défense de cette partie du corps, mais comme marque non équivoque de puissance, comme signe expressif et éclatant, soit de perfection morale, de génie et de savoir, ou de force et de vertu, soit de victoire et de bonheur, soit enfin de tout ce qu'il y a de plus considérable et de plus éminent parmi les hommes.

Ce symbole d'excellence n'a pas manqué d'être prostitué de bonne heure : les vices les plus impurs comme les tyrans les plus odieux, ont usurpé un hommage qui n'avait été inventé qu'au profit de ce qu'il y a de plus digne et de plus élevé dans la nature humaine. Cependant il est des choses dont l'abus ne diminue pas le prix. Trajan et Marc-Aurèle n'ont pas rejeté un ornement qui s'était avili et dégradé sur la tête de Néron et de Caligula. Partout la couronne tant prodiguée, est demeurée la manifestation la plus imposante, et en quelque sorte le complément de la majesté des Rois.

Les premières couronnes furent consacrées aux dieux, puis aux grands-hommes que la superstition supposait issus de leurs amours avec de simples mortelles ; et enfin la couronne, dans le sens le plus générique du mot, devint l'attribut commun de la royauté. Quant à son invention, il est assez plausible de conjecturer que l'auréole lumineuse des astres, et du soleil surtout, a pu en fournir la première idée. Aussi, beaucoup de couronnes, dans la plus haute antiquité, offraient dans leur forme une image de l'irradiation de la lumière de cet astre, roi et père de la nature.

La vive imagination des peuples de l'antiquité, en divinisant tout ce qui la frappait par les traits d'une supériorité quelconque, avait multiplié incroyablement les diverses espèces de couronnes. Le vieillesse et l'enfance, les grâces de la beauté comme la majesté virile, avaient les leurs. Dans toutes les époques intéressantes, dans tous les actes importans de la vie, les couronnes paraissent avoir été un accessoire indispensable des cérémonies usitées : la mort même avait les siennes. Quand une jeune vierge était portée au bûcher, une couronne de fleurs pressait son chaste front, et nous avons conservé cette coutume. Ceux qui assistaient aux funérailles d'un personnage célèbre, portaient des couronnes, comme nous le voyons dans le récit que fait Plutarque de celles de Timoléon. Denys d'Halicarnasse mentionne la même circonstance, en parlant de la pompe funèbre de Brutus, après la journée de Philippes : et cet usage se maintenait et encore long-temps après le siècle d'Auguste.

Lycurgue, en proscrivant de Sparte toute espèce de luxe et de délicatesse, avait fait subir à la magnificence accoutumée des funérailles, la même réforme qu'à toute chose ; cependant il avait laissé leurs couronnes aux morts. Il permettait de les couvrir de pourpre, et de les couronner d'olivier, emblême de paix, de paix éternelle!

Cléomènes, lacédémonien, orne lui-même d'une tunique de pourpre le corps de Lydiades, et après lui avoir mis une couronne sur la tête, il le fait porter dans un char funèbre aux portes des Mégalopolitains.

Cette coutume était principalement en vigueur à Athènes. Les amis jetaient sur le défunt une multitude de couronnes. On est touché, en voyant dans Plutarque, Périclès s'attendrir au moment où il vient remplir ce devoir pieux envers son ami Paralus. Là, dit l'historien, fut ébranlée cette longue et inflexible constance qui le caractérisait; il fondit en larmes en jetant sa couronne. Ce jet des couronnes a lieu de même à Thèbes, à la mort de Pélopidas; et l'on jette aussi dans les bûchers toutes sortes d'armures dorées.

Les Romains avaient emprunté des Grecs l'usage de couronner les morts, ainsi qu'on pourrait le prouver par plusieurs exemples; et comme il est bien peu de choses que ce peuple, réputé si sage, n'ait exagérées, la mode des obsèques couronnées le fut à un point extraordinaire, et dont Pline cite un exemple assez curieux. Ce corbeau, si célèbre, dit-il, qui saluait de ses cris Tibère, Germanicus, Drusus et le peuple romain, passant en foule devant lui dans la Voie Sacrée, ayant été tué, on lui fit d'immenses funérailles, et l'on jeta sur son bûcher des couronnes de tout genre.

La loi des douze tables permettait de placer une couronne sur la tête du mort.

Quant à la matière de ces couronnes, elles étaient de feuilles ou de fleurs, assez arbitrairement choisies; cependant quelques fleurs étaient spécialement funèbres, et, ce qui paraît extraordinaire, on mettait le lis de ce nombre. *Hæ funebræ coronæ texebantur quoque è liliis.*

Les guerriers avaient le privilége d'emporter, en mourant, une couronne de laurier. Un ennemi généreux rendait lui-même ce devoir à son adversaire, après l'avoir vaincu. Annibal, dit Valère Maxime, ordonna les obsèques de Marcellus, tué dans le combat, le fit revêtir d'un riche vêtement carthaginois, et posa lui-même sur le bûcher une couronne de laurier.

Les urnes des morts étaient couronnées; les monumens funèbres étaient couronnés; et les tombeaux des hommes illustres l'étaient d'ache, d'hyacinthe et de lis mêlés. On plantait souvent des arbres à l'entour, pour tenir lieu de fleurs plus durables. Sophocle dit, dans *Electre*, que le tombeau florissait, pour dire, qu'objet d'un culte attentif, il abondait de fleurs.

Le jet des couronnes était accompagné des louanges du défunt; mais assez souvent son éloge avait lieu dans le festin funéraire, que l'on célébrait neuf jours après le décès.

Le culte des morts ne se bornait pas à la pompe et aux recherches si multipliées de toutes ces cérémonies : on se souvenait des morts ; on gardait une longue et profonde mémoire de leurs vertus et de leurs bienfaits, surtout de leurs désirs et de leurs volontés dernières. C'est ce que Germanicus mourant recommande à ses amis, dans ces belles et énergiques paroles que rapporte Tacite : *Non hoc precipuum amicorum munus est prosequi de-*

junctum ignavo questu; sed quæ voluerit meminisse, quæ mandaverit exsequi.

La *Chloé* de Longus, par une superstition bien touchante de jeune fille, couronne le lieu où avait été mise en terre la brebis qui lui avait servi de nourrice.

Ainsi les couronnes funéraires étaient une partie importante du culte des morts et de la religion des tombeaux, si solennelle et si sainte chez les anciens; mais hors le cas des funérailles, dans toute autre circonstance affligeante de la vie, il eût été honteux de porter une couronne. Cette apparente contradiction s'explique par la manière philosophique dont ils envisageaient la mort. L'homme au cercueil leur paraissait comme l'athlète au bout de la carrière : il avait fini ses combats; il était vainqueur de la vie. Le trépas est la plus certaine victoire sur les misères de l'humanité! — A quoi sert la couronne à l'empereur Adrien sur le bûcher, demande quelqu'un? Épictète répond : ce n'est pas comme empereur, mais comme infatigable athlète, à la fin de ses travaux, qu'il est couronné.—Xénophon offrait un sacrifice; il apprend tout à coup la mort de l'un de ses fils; il ôte sa couronne; mais en entendant que son fils a succombé en combattant comme un héros, il remet sa parure de fleurs et rend grâce aux dieux.

Dans l'ivresse des joyeux banquets, les convives se paraient de couronnes odorantes, des fleurs les plus suaves et les plus fraîches, et ils en ornaient également leurs coupes. On dédiait des couronnes aux dieux; on se présentait avec des couronnes dans le temple, quand on voulait offrir un sacrifice. Les pontifes et les ministres des autels étaient habituellement couronnés; et la tonsure de nos prêtres n'est évidemment qu'une ruine de la couronne des sacrificateurs payens.

Chaque sorte de couronne était appropriée à une destination distincte, et avait une signification propre. En un mot, c'est une *particularité mobiliaire*, que l'on retrouve à chaque instant dans l'histoire des détails domestiques ou des usages publics des Grecs et des Romains.

Les amans envoyaient des couronnes à leurs maîtresses; ils en suspendaient à leur porte. Un échange de couronnes était le gage d'un amour mutuel. Une femme, qui tressait furtivement une couronne, était suspecte d'une passion secrète. Dans le banquet des sept Sages de Xénophon, la conversation roule un moment sur cette sorte de dons amoureux; et Socrate, le plus sage des hommes, ne craint pas de compromettre sa gravité philosophique en se mêlant de cet entretien.

Le chapitre seul des couronnes conviviales a singulièrement exercé de laborieux commentateurs. Il reste prouvé qu'il y en avait de trois sortes. Dans l'origine, elles étaient de feuilles, de fleurs et d'herbes: plus tard, la vanité de l'oulence les forma d'or et de pierres précieuses. Elles ornaient le sommet de la tête, ceignaient les tempes, d'autres enfin entouraient le cou. Les parfums les plus doux, exprimés des mêmes fleurs, étaient l'accompagnement nécessaire de ce genre de couronnes. L'odorat et la vue étaient satisfaits à la fois. Rien de tout cela n'existe dans nos tristes festins : des fleurs ne couronnent point nos coupes ; nous buvons encore, ou peu s'en faut, comme nos barbares ancêtres ; si ce n'est qu'au lieu d'hydromel, nous avons d'assez bon vin ; et nous sommes étrangers à ces recherches exquises d'un luxe à la fois innocent et gracieux. En vaudrions-nous moins pourtant, si nous entendions la science des voluptés comme les contemporains de Thémistocle ou les disciples de Platon ?

La lyre d'Apollon était couronnée de fleurs ; et les peuples décernaient le même hommage aux hommes de génie que ce dieu favorisait de ses inspirations puissantes.

Les jeunes vierges, dans la plus haute antiquité, portaient les cheveux flottans et épars avant d'être nubiles ; mais après cette époque, des cheveux noués et surmontés d'une couronne de fleurs annonçaient l'approche des mystères d'hymenée. Clytemnestre, dans *Euripide*, parlant à Achille, dit : « Je vous ai amené ma fille Iphigénie, et je l'ai amenée couronnée de fleurs, puisqu'elle doit être votre épouse. » En allant à l'autel, l'époux et l'épouse étaient couronnés de fleurs; la maison, le lit nuptial et les parens l'étaient de même. On voit, dans Plutarque, que lorsque Alexandre marie cent Macédoniens ou Grecs à un nombre égal de filles persanes, lui-même, l'un des époux, paraît à la tête des autres, la tête chargée de fleurs. Quant à la couronne nuptiale, qui remplaçait la couronne virginale, elle était regardée comme l'emblème de la sainteté des joies conjugales, et les matrones la portaient habituellement.

La couronne de la nouvelle mariée, chez les Grecs, était faite de l'écorce de l'asperge sauvage. Le bon Plutarque trouve une signification très-particulière dans le choix de cette plante. Cette plante, dit-il, donne, à travers une enveloppe rude et épineuse, un fruit plein de douceur : de même fait la jeune épouse à son heureux époux que n'ont point rebuté les difficultés de l'entreprise. Je ne vois pas trop, je l'avoue, que les asperges d'aujourd'hui aient une écorce épineuse, mais j'aime mieux croire que, dans l'antiquité, elles étaient faites autrement, que d'accuser Plutarque d'erreur ou d'inexactitude.

La verveine, le pin, d'autres plantes encore, fournissaient la matière de ces couronnes nuptiales.

Dans cette prodigalité de couronnes, on voit qu'il y en avait pour les choses inanimées. On couronnait aussi la poupe des vaisseaux vainqueurs ; on couronnait les vases qui servaient dans les sacrifices ; on couronnait le faîte des temples ; on couronnait même les chevaux attelés au char qui portait les choses sacrées.

En Grèce, souvent les magistrats étaient couronnés pendant qu'ils remplissaient leurs fonctions publiques, et leurs couronnes étaient de myrte. Les orateurs se paraient souvent d'une couronne pour haranguer le peuple. « Jadis, dit » l'orateur Aristide aux Rhodiens, il vous suffisait » de voir la couronne de l'orateur pour être tous » d'accord ; maintenant, quel démon vous agite ! » on ne peut plus vous faire entendre raison. » Les ambassadeurs l'étaient de même ; les prêtresses et les vestales, toujours. Les bacchantes l'étaient également, ou du moins portaient un tyrse couronné.

L'action de couronner les statues des dieux, ou de suspendre des couronnes à leurs autels, était une prière, une supplication. Les supplians étaient aussi couronnés, et souvent ils portaient dans leurs mains des rameaux de laurier ou de toute autre espèce, couronnés de laine blanche.

Les prêtres et les sacrificateurs, souvent au lieu de couronne, avaient le front ceint d'un diadême, auquel se rattachaient des bandelettes retombant des deux côtés : il y avait des bandelettes pour les prêtres, puis des bandelettes virginales et matronales. Les victimes étaient aussi couronnées et ornées de bandelettes, mais leurs couronnes étaient de cyprès. En général, dans les sacrifices, la composition de la couronne que l'on portait, désignait suffisamment la divinité particulière dont on venait réclamer l'assistance, ou bénir les bienfaits.

Les parois et les voûtes des temples étaient décorées d'une multitude de couronnes votives, parmi lesquelles la splendeur des métaux précieux et l'éclat des pierreries contrastait souvent avec la simplicité des fleurs, prémices de l'année. Ces couronnes votives, données par des villes puissantes ou des hommes opulens, étaient quelquefois d'une grandeur énorme et d'une valeur immense; aussi c'était un grand sacrilége de les ravir.

Les prêtres payens défendaient rigoureusement ce genre de propriétés, qui alluma souvent la cupidité des rois. Athénée raconte qu'un prince ayant récompensé une belle danseuse Thessalienne par le don d'une couronne d'or que les habitans de Lampsaque avaient dédiée dans un temple de Métapont, une voix menaçante sortit du laurier consacré à Apollon dans ce temple; et la Thessalienne ayant peu après paru sur la place publique de cette ville, fut mise en pièces par des prêtres suivis de quelques fanatiques. Léon Copronyme, assure l'historien Zonare, ayant osé mettre sur sa tête une couronne d'or consacrée dans le temple de Sainte-Sophie, par Maurice, fut saisi d'une fièvre subite dont il mourut. En voilà assez pour prouver que les couronnes étaient une importante section des choses sacrées, même chez les premiers Chrétiens. Ces couronnes votives étaient en général gratulatoires, c'est-à-dire, gage de reconnaissance pour la protection des Dieux. Le même honneur était souvent décerné à de puissans protecteurs, par leurs cliens.

Les peuples s'envoyaient aussi réciproquement des couronnes gratulatoires magnifiques. — Carthage en avait offert une à Rome avant que fût née, entre ces deux républiques, cette longue querelle qui amena l'extermination de la première.

Toutes les villes d'Asie envoyèrent des couronnes par des députés, à Manlius d'abord consul, puis proconsul dans cette province. Les Amphyctions en votèrent une magnifique à Alexandre après ses dernières victoires sur les Perses. Les Syracusains, touchés de la générosité de Marcellus, firent un décret par lequel il était établi que tous les descendans de ce général, qui viendraient dans leur ville, seraient accueillis par des couronnes solennelles. Julien, Jovien et beaucoup d'autres empereurs obtinrent de diverses villes cet hommage flatteur.

L'usage des couronnes, expression de la joie dans toutes les circonstances heureuses de la vie privée, était surtout consacré dans les occasions solennelles où de grands événemens venaient garantir la fortune de la patrie, étendre sa gloire, augmenter sa prospérité. Lorsque Numance, la terreur de Rome, *terror imperii*, ainsi l'appelait-on dans le sénat; lorsque Numance, le dernier boulevard de l'indépendance espagnole, moins vaincue par les armes de Scipion l'Emilien que consumée par les horreurs de la famine, n'eut plus que des cadavres au pied de ses remparts, le sénat et le peuple entier, chargés de fleurs et les mains pleines de couronnes, coururent dans les temples rendre grâces aux dieux. L'enivrement du triomphe fut mesuré aux terribles inquiétudes de cette sanglante lutte. On sait combien cette guerre, avec la plus fière et la plus vaillante nation de l'antiquité, avait été onéreuse à la puissance romaine; elle avait dévoré ses meilleures légions et ses plus grands généraux. Un peu plus tard, dans un dernier réveil, elle épuisa encore les trésors du riche Pompée; et finalement, elle n'eut de terme que par l'assassinat des chefs espagnols et par l'extermination ou la dispersion dans les diverses parties de l'empire, de cette mâle jeunesse Celtibérienne et Lusitanienne, imbue d'un indestructible amour de la liberté.

Les Athéniens étaient tous couronnés de fleurs dans les fêtes Panathénées. Lorsque les Lacédémoniens, sous la conduite de Lysandre, eurent renversé les murailles et brûlé les trirèmes d'Athènes, les austères citoyens de Sparte se couronnèrent de fleurs. Démosthène se pare d'une couronne à la nouvelle de la mort de Philippe. Mais il y avait quelque chose d'odieux et de triste dans toutes ces couronnes, formées de vengeance et de sang. Plus heureuses et gracieuses étaient celles dont se paraient les habitans des villes de la Grèce, marchant à la rencontre du vertueux Phocion.

On conçoit aisément que le talent de façonner ces diverses couronnes devait avoir sa part d'estime, et constituer une sorte de profession particulière. Dans l'origine, chacun se tressait la sienne, assemblant toutes les fleurs aussi confusément qu'une prairie émaillée peut les offrir aux yeux. Mais on était déjà bien loin de cette simplicité, lorsque, par exemple, la bouquetière Glycère vendait les siennes, à prix d'or, aux élégans d'Athènes. Alors c'était une véritable science que d'obtenir des effets piquans et ingénieux, par l'accord ou le contraste des parfums, des nuances et des couleurs. Au rapport de Pline, Glycère fut aimée d'un peintre célèbre, qui essaya vainement de jouter, avec les ressources infinies de la palette et du pinceau, contre les combinaisons que l'industrieuse bouquetière obtenait en tressant des fleurs naturelles.

Une simple couronne de fleurs, ainsi artistement travaillée, pouvait être une chose d'un grand prix, malgré la courte durée de son éclat et la fragilité de sa matière. Amasis, dit Athenée, conquit les bonnes grâces d'un roi d'Égypte par le don d'une couronne de fleurs, envoyée à ce prince le jour de sa naissance. De jardinier devenu favori, puis ministre, de ministre Amasis devint roi à son tour. Ce fut, au surplus, une fonction à peu près exclusivement attribuée aux femmes, que de tresser et de vendre des couronnes de fleurs.

Il faudrait faire un véritable catalogue de botanique, pour parler de toutes les fleurs ou de toutes les plantes qui servaient à la composition des couronnes. Depuis la rose qui parait le sein des belles et parfumait les autels des dieux, jusqu'à l'impur asphodèle, pâture des morts et triste décoration des tombeaux négligés, il n'en est presque aucune qui fût exclue de cet honneur; mais j'avoue que je n'ai trouvé nulle part que l'ail, si énergiquement détesté par Horace, et si cher à un autre grand lyrique de nos jours, M. de Marcellus, ait partagé cette distinction avec quelques autres plantes potagères, que dans certains cas l'on substituait aux fleurs.

Parmi les plus estimées de toutes les fleurs qui entraient dans la composition des couronnes, la violette tenait le premier rang : elle n'a rien perdu de cette réputation dont elle jouissait dans l'antiquité. Cette charmante fleur, le premier des dons que nous fait le printemps, le premier gage du retour des bienfaits de la nature, est aussi chérie à Paris qu'elle le fut à Athènes et à Rome ; gardons-nous cependant d'en couronner nos dieux Lares; ce serait un coupable retour vers une idolâtrie qui ne peut plus nous convenir.

Certain vieux érudit a pris plaisir à épuiser la matière en ce qui touche la violette : il a mis à contribution tous les auteurs de l'antiquité pour attester ses perfections. Il prouve, par leur témoignage, qu'elle était un emblème de beauté, de tendresse, de pudeur, de grâce et de persuasion. A la vérité, Homère dit quelque part que Vénus paraît le front ceint d'un bandeau de violettes. Les Muses, selon Théognis, se couronnaient aussi de violettes ; Simonides est bien sûr que les célestes Pléiades avaient la même prédilection ; enfin, la violette couronnait les dieux Lares sous le foyer domestique. Ainsi cette fleur délicieuse fut aimée de tous, quoique plus particulièrement affectée par les jeunes gens des deux sexes comme symbole d'innocence et de virginité.

Ajoutons encore que dans la composition des couronnes, la violette était quelquefois mêlée au lis ; mais comme cette assertion peut avoir besoin d'autorités auprès de beaucoup de gens, je les préviens que je tiendrai à leur disposition des passages de plusieurs poètes latins et grecs, et même un fragment de S. Jérôme, lesquels, pris ensemble, ne laissent aucun doute sur la vérité du fait. (1)

---

(1) Je ne résiste pourtant pas au désir de faire connaître

On pense bien que le panégyriste de la violette ne s'est pas montré avare de louanges pour la rose; mais pour ne pas nous écarter davantage de notre sujet, nous dirons seulement que cette reine des fleurs servait à la composition des couronnes qui devaient signaler le commandement et la prééminence. Dans les fêtes publiques et privées, les roses étaient répandues avec profusion sur les tables et dans la salle du festin. Chacun sait qu'Anacréon se couronnait de roses. C'était au reste la fleur la plus généralement adoptée pour les couronnes conviviales; et par cette raison apparemment, on l'attribuait aussi à Comus, le dieu qui préside à la bonne chère, et entretient la gaîté des festins.

Mais toutes ces couronnes de joie, toutes ces fleurs emblêmes de volupté, charmant la vue par leur doux éclat, caressant de leurs suaves parfums un sens plus exigeant encore, avertissaient ensemble l'homme, du peu de durée des meilleures choses sur la terre. La rapidité de leur fugitive exis-

---

celui de S. Jérôme, qui me paraît très-curieux. Il dit, liv. 2, ép. 19 : *Suscipe viduas, quas inter virginum lilia, et martyrum rosas, quasi quasdam violas misceas; pro corona spinea in qua Christus mundi delicta portavit, talia serta compone.* On voit que dans ce passage, les veuves sont comparées aux violettes : et que par conséquent ces fleurs ont pu être prises, pour l'emblême de la viduité.

tence leur disait : hâtez-vous de vivre ! Ils étaient surpris au milieu du festin par une idée mélancolique à mesure que les roses se flétrissaient sur leurs fronts. On a dit qu'Horace plaçait constamment une tête de mort auprès de sa coupe remplie de Falerne et couronnée de fleurs : rien n'est plus vrai ; et je ne sais pourquoi les anciens ont été accusés d'ignorer les douceurs de la mélancolie, eux qui associaient avec tant de grâce les idées tristes aux images riantes, et chez lesquels le deuil le plus noir avait encore un charme de poésie tout particulier.

La poésie antique est toute pleine de ces avertissemens du tombeau jetés soudainement au milieu des songes les plus doux, et des plus enivrantes illusions de la vie. Il faut mourir, souffrons, dit la philosophie chrétienne : il faut mourir, jouissons, disait la philosophie des payens. Celle-ci a eu plus de partisans. Et tant sont problématiques les choses humaines, tant sont incertaines nos plus sûres notions ! à qui voudrait considérer la question sous toutes ses faces, il serait bien difficile de dire lequel est le moins sage, d'un trapiste ou d'un voluptueux.

Hâtons-nous, à la faveur de ces réflexions, de sortir des préliminaires de notre sujet. Il était sans doute indispensable de donner d'abord une idée de l'usage général des couronnes, avant de nous occuper de ces sérieuses et nobles couronnes qui doivent être plus particulièrement le sujet de nos disquisitions, et vers lesquelles nous allons tourner nos regards. Je veux dire celles que la force peut décerner au courage, la reconnaissance au dévouement, et la reconnaissance à la vertu.

La vertu n'a pas besoin de couronne; sa récompense est en elle-même, dit, après tant d'autres, le sage Plutarque ; et il développe longuement cette proposition ; mais on sait qu'il est éloquent à travers sa prolixité. « Une vertu réelle, dit-il, ne peut diminuer ni s'accroître de rien d'extérieur. Son caractère essentiel est d'être toujours en puissance d'elle-même ; de n'être découragée par aucun malheur, surchargée par aucun poids, ni terrassée par aucune force. Son caractère est de se fortifier dans les circonstances difficiles, de briller dans les périlleuses, et de conserver son intégrité dans les transitions qui sont contagieuses pour tous. » Et après une énumération très-ample de tous ses attributs : « O Vierge, s'écrie-t-il, c'est » pour toi, c'est pour ta beauté céleste que toutes les » actions grandes et généreuses ont été faites parmi les mortels. C'est pour toi qu'Harmodius et » son ami affranchirent Athènes ; c'est pour toi » que Miltiades vainquit à Marathon, et que les » trois cents moururent aux Thermopiles. »

« O Vierge ! celui qui t'a une fois donné asile » dans son sein, a le cœur tranquille et la tête » bien intelligente. Il sait ce qu'il lui faut ; il est

» heureux : son âme est un foyer perpétuel de » magnanimité et de sainteté. »

La Vertu et l'Honneur, étaient dans les premiers temps des anciennes républiques, deux divinités presque inséparables : elles recevaient le même culte dans des temples pareils et voisins l'un de l'autre. *Gemellis numinibus, gemella templa ædificata.* Aucune des deux n'eût reçu pour agréables des vœux qui auraient été repoussés par l'autre.

Alors il n'arrivait jamais qu'un homme fût à la fois chargé d'honneurs et couvert d'infamie, selon la belle expression de Montesquieu. Le génie des gouvernemens libres ne fait pas de ces odieux mécomptes.

L'honneur, chez les anciens, accompagnait la vertu, comme le salaire accompagne le travail, comme la louange accompagne la victoire; car toute vertu n'est telle que pour avoir vaincu des obstacles et terrassé des vices. Et, quoique la vertu une fois acquise et existante se puisse suffire à elle-même, cependant il est utile de la récompenser par d'éclatans honneurs, afin d'engager à marcher dans ses difficiles routes tous ceux que chatouille le désir de la vraie gloire. C'est sous ce point de vue élevé et philosophique, que les anciens ont considéré les récompenses qu'ils décernaient à tous les genres de vertu et de mérite, et à tous les services rendus à l'état. Je parle ici des vertus publiques ou politiques ; car on ne recevait point de couronne pour être fils pieux, père tendre, pour être épouse fidèle ; toutes ces vertus privées, qui ne sont que le pur nécessaire dans la vie sociale, étaient estimées, mais ne se couronnaient pas. On était puni de ne pas les posséder; la censure publique, dont la vigilance sévère pénétrait dans tous les secrets du foyer domestique, chez les Romains, signalait l'absence de telles vertus par une note d'infamie, et se taisait sur leur présence : ainsi une chaste épouse, dans les beaux temps de la république, eût justement rougi d'entendre vanter ses vertus, et eût imposé silence à son indiscret panégyriste.

« Le châtiment et le salaire, dit le prince des orateurs Romains, sont les deux colonnes de la république. Les âmes d'élite sont portées au bien par la seule loi de leur nature ; avec un degré de moins de perfection, tous les cœurs généreux sont invités aux grandes choses par l'attrait des distinctions éclatantes et par les titillations de l'amour propre. Quant à la multitude, qui n'est sensible ni aux charmes divins de la vertu, ni aux incitations de la gloire, il faut qu'elle ronge le frein des lois. »

Il y a beaucoup d'aristocratie dans ce passage ; mais s'il exprime une vérité qui fut justifiée par l'état de la société dans Rome, cette verité est purement abstraite pour nous. Nous ne sommes pas placés entre ces deux extrêmes contraires, un patriciat superbe et un peuple misérable et avili; puis, au-dessous encore une multitude esclave, dont le contact infect devait être un germe permanent de corruption pour la république. La qualité de citoyen est bien plus positive dans les constitutions libres et naissantes des nations modernes, qu'elle ne le fut jamais chez les peuples les plus libres de l'antiquité. Ainsi on n'aurait pas pu, dans Rome, dire avec vérité l'équivalent de cette phrase de M. Châteaubriant : « Tout grenadier français » a ses titres de noblesse écrits sur le papier de sa » cartouche. » Mais cela est très-vrai chez nous. Tout Français porte un cœur capable de comprendre la gloire, et peut la mériter.

Otez les récompenses, dit un ancien, et vous enlevez aux âmes toute leur force, en les privant du ressort de l'émulation, et vous rendez la république veuve des plus illustres exemples; car ils ne se reproduiront plus : vous remplacez par l'engourdissement et la torpeur, l'activité morale de l'esprit humain. Parlez de vertu; mais faites marcher la gloire à côté d'elle : ensemble, elles subjugueront à la fois ce qu'il y a dans l'homme de céleste et de matériel.

Entre les faits que l'on pourrait accumuler pour attester l'importance que l'on attachait aux couronnes *donatives*, nous en citerons seulement un, emprunté à Plutarque. Arétaphile, dit Plutarque, épouse de l'un des tyrans qui venaient d'être chassés, mais singulièrement estimée de ses concitoyens à cause de ses vertus, fut jugée digne par eux de la puissance suprême, et ils lui proposèrent de prendre les rênes du gouvernement. Elle n'accepta qu'une partie de ces fonctions, mais la plus éminente et la plus glorieuse; car elle ne voulut participer à l'administration des affaires que pour la distribution des couronnes, c'est-à-dire, des récompenses.

Lucien, qui s'est moqué de tout dans l'antiquité, se moque des couronnes que remportaient les athlètes dans les jeux Gymniques. Dans l'un de ses dialogues, le scythe Anacharsis demande à Solon quelles sont, dans les combats du cirque, les récompenses attribuées aux vainqueurs. Et Solon répond : C'est suivant les lieux et l'institution des jeux : dans les jeux Olympiques, on donne une couronne de feuilles d'olivier; dans les jeux Isthmiques, de rameaux de pin; dans les jeux Néméiques, elle est de feuilles d'ache; et dans les jeux Pythiques, qui sont ceux d'Apollon, elle est de feuilles de laurier. Là-dessus le philosophe scythe laisse échapper un éclat de rire, et s'écrie : O Solon ! voilà de bien magnifiques récompenses, et bien dignes en effet de ceux qui les décernent et de ceux qui se font estropier pour les obtenir.

Mais les plaisanteries de Lucien, railleur impitoyable des hommes et des dieux, prouveraient tout au plus qu'Anacharsis était très-digne de son origine barbare, et qu'il mérite assez peu la grande réputation que lui a faite parmi les modernes un savant Français. Les Scythes ne comprenaient pas le prix de ces récompenses : les Scythes sont encore les mêmes de nos jours ; et nous n'avons pas vu qu'un petit morceau de ruban fût un talisman usité pour faire marcher les Tartares au danger, ainsi que cela se pratique, avec tant de succès, pour nous ; héritiers, du moins en beaucoup de choses, de la civilisation antique.

Aristophane, autre mordant satyrique, ou comme disait avec assez peu de justice M. Villemain, dans ses belles leçons publiques, autre *journaliste* de ce temps-là, a trouvé également le mot pour rire dans la simplicité des couronnes, prix des combats gymniques. Un certain Crémile, personnage de l'une de ses pièces, dispute là-dessus avec la *Pauvreté*. La Pauvreté, pour faire sa réputation meilleure, dit que le grand Jupiter lui-même est pauvre, en ce qu'il n'a pas d'or ; et la preuve, dit-elle, c'est qu'il ne donne que des couronnes d'olivier sauvage à ceux qui remportent les prix dans les jeux qui lui sont consacrés. Point du tout, répond Crémile : le grand Jupiter ne donne pas de l'or, et enseigne aux hommes à le mépriser afin qu'il lui en reste davantage.

Toutes ces plaisanteries, assez dépourvues de sel, comme on voit, prouvent seulement que dans tout les temps le froid calcul et la personnalité sordide ont fait la guerre à l'enthousiasme ; et que ces idées positives dans la science de la vie, appelées par Mme de Staël des idées pétrifiées, ont dans tous les siècles tâché de comprimer l'élan des âmes généreuses. Ainsi notre temps n'est pas pire qu'un autre à cet égard.

C'est par les fatigues et le péril, c'est par le courage et la force que l'on allait à la couronne, et voilà ce qui en faisait le prix. C'était un gage de victoire, et tout son éclat, tout son prix inestimable était dans cette application. Ni l'or, ni les perles, ne pouvaient dans ce sens augmenter sa valeur ; on choisissait ce qu'il y a de plus simple dans la nature et de plus hors de toute valeur réelle, afin de faire sentir que dans la nature entière, il n'y avait pas de matière assez précieuse pour se proportionner à cette haute destination. D'ailleurs, en récompensant la vertu, on ne voulait pas exciter la cupidité ?

Parmi les plus célèbres et les plus antiques couronnes donatives, on compte celle qui fut donnée par Hercule à Télamon, et que celui-ci légua à Hésione, fille de Laomédon ; celle que Thésée, suivant Pausanias, reçut d'Amphiaraus. Viennent ensuite celle de Dioxippe, qui lui fut décernée par ses concitoyens, après sa victoire sur un gigantesque Macédonien ; celle d'Horatius Coclès, beaucoup plus connue. Scipion donna à Massinissa et à Lélius des couronnes d'or; mais il faut remarquer qu'il y a un considérable espace de temps entre ces deux dernières époques. On peut mettre au rang des plus fameuses couronnes donatives toutes celles qui furent décernées à ce Hiéron, tant chanté par Pindare, et le meilleur, à ce qu'il paraît, des bons tyrans qui aient existé.

L'un de mes auteurs parle de celle qui fut décernée à Scipion, par le peuple Romain, après que Scipion, pressé de rendre ses comptes, eut prononcé ces paroles fameuses : « A pareil jour je sauvai Rome; allons au Capitole rendre grâces aux Dieux. » Voltaire prétend que la conduite de Scipion, dans cette circonstance, est une véritable escobarderie, et qu'il aurait beaucoup mieux valu qu'il commençât par rendre ses comptes; que le peuple Romain fut pris pour dupe. Il est possible que Voltaire ait raison; et je voudrais bien savoir ce qu'il dirait aujourd'hui s'il entendait nos ministres, quand on leur demande des comptes, protester de leur amour pour la monarchie? Ils ne peuvent pas répondre à la chambre des députés ce que Scipion disait si fièrement au sénat : »Il n'est pas décent que vous prétendiez juger celui sans lequel vous n'auriez plus rien à juger. » Aussi ne leur donnons-nous pas des couronnes. Mais, comme tout s'améliore avec le temps, rien ne nous empêche d'espérer qu'un jour la *couronne budjétaire* sera l'une des nombreuses variétés de la couronne *civile*.

Je dis des couronnes civiles. Les couronnes donatives se divisent d'abord en civiles et en militaires, pour distinguer les services rendus à la guerre, de ceux qui n'ont pas les armes pour moyen. La couronne civique n'était qu'une espèce de couronne civile : elle se donnait dans un seul cas, comme nous le dirons tout à l'heure; mais nous, modernes, nous avons fait de cette dénomination spéciale et restreinte, une appellation générique, et nous avons dit *couronne civique* de toutes les couronnes attribuées, par la reconnaissance publique, aux hommes éminens en services rendus à l'état. Les couronnes olympiques formaient un genre intermédiaire et mixte, car elles étaient à la fois civiles et militaires. Les couronnes militaires prenaient leurs noms des genres de combats dans lesquels s'était distingué le donataire. Ainsi il y avait des couronnes murales, des couronnes rostrales ou navales, des couronnes obsidionales ou de siége, des couronnes vallaires enfin des couronnes triomphales et d'*ovation*, et d'une infinité d'autres sortes.

Quant aux couronnes civiles, l'énumération en serait encore plus difficile, parce que tous les arts, comme toutes les vertus, tous les genres d'excellence, dans leur rapport avec l'utilité publique, étaient admis à recevoir cette distinction éclatante, sans que les couronnes aient toujours été signalées par des dénominations particulières.

Au premier rang des couronnes civiles, se trouvent celles qui étaient accordées pour de bons conseils, ou de grands exemples donnés à la patrie.

Dans l'ordre de leur importance, on considérait comme les premiers de tous les services, ceux qui étaient rendus dans l'administration des affaires publiques, et qui procuraient de grands avantages à l'état. Les soins donnés à l'éducation publique de la jeunesse et l'excellence des vertus philosophiques, attestée par une longue et publique pratique de sagesse, avaient droit aux mêmes honneurs. Venaient ensuite les services rendus par les armes. Enfin, les grands talens littéraires, dont la gloire rejaillissait sur la patrie, marchaient presque sur la même ligne.

La fameuse couronne décernée par les Athéniens à leur orateur Démosthène, s'appliquait à des services du premier ordre de ceux que nous venons de désigner. Pythagore et Zénon, et d'autres Sages moins célèbres, obtinrent le troisième genre de récompense, soit comme excellant en philosophie, soit comme professeurs de sagesse. Pythagore paraissait habituellement en public vêtu d'un vêtement de lin d'une blancheur éclatante, sorte de parure qui était l'un des attributs de la puissance royale, et couronné d'une couronne d'or.

Les termes du décret de l'assemblée publique qui décernait ces couronnes, devaient spécifier les services qui les avaient méritées. Le décret des Athéniens en faveur de Démosthène, rendu sur la proposition de Ctésiphon, avait omis cette formalité importante, et cette omission fut l'un des moyens sur lesquels Eschine fonda son opposition. Ce décret était conçu à peu près en ces termes : Démosthène, fils d'un tel, a mérité une couronne; elle lui sera décernée, sur le théâtre, aux grandes solennités de Bacchus. Cette couronne sera faite d'or, et donnée à Démosthène en considération de sa constante et patriotique vigilance pour les intérêts de la Grèce en général, et ceux d'Athènes en particulier ; en récompense de ce qu'il n'a pas cessé de dire et de faire des choses très-utiles, et de bien mériter du peuple de toutes les manières possibles.

Les termes du décret qui avait conféré à Zénon le même honneur étaient plus abondans encore et plus magnifiques que ceux du décret qui excita la jalousie d'Eschine, s'il faut s'en rapporter à Diogène de Laerce ; il y était dit : « attendu que Zé-
» non, fils de Mnasée, a depuis longues années,
» pratiqué et enseigné dans la ville une excellente
» philosophie, et qu'il a été homme de bien en
» toutes choses : attendu qu'il a formé dans l'étude
» de la sagesse et la pratique des bonnes mœurs
» un grand nombre de jeunes gens qui ont suivi
» son école ; les instruisant par son exemple au-
» tant que par ses leçons ; attendu que rien n'est

» plus utile pour la république et plus heureux
» pour sa gloire, que cette constante sollicitude
» pour l'éducation de la jeunesse; le peuple a dé-
» crété que Zénon, fils de Mnasée, serait publi-
» quement loué et couronné d'une couronne d'or
» en récompense de sa singulière vertu et de son
» excellente doctrine. » Le décret statuait en outre qu'un tombeau serait élevé à Zénon après sa mort, dans le céramique, aux frais de l'état. Il nommait une commission de cinq citoyens d'Athènes chargés de pourvoir à l'exécution de ce qui était arrêté.

Ainsi les professeurs de sagesse, dans Athènes, étaient égalés aux plus grands hommes de la république dans la distribution des dons que faisait sa magnificence à tous ceux qui se consacraient à elle : cela seul pourrait faire juger du soin que l'on mettait à former des citoyens. L'éducation publique était une partie de l'institution politique : ce n'était pas dans l'obscure et étroite enceinte d'une école privée que les jeunes gens allaient puiser ces enseignemens. On ne leur débitait pas des cahiers rédigés par les eunuques de Cybèle, et soudoyés par le pouvoir. On ne leur disait pas que l'homme qui raisonne n'est qu'un vil affranchi du faux savoir; on n'avait pas le front de dégrader les grands exemples fournis par l'histoire nationale; les dieux, la patrie et la liberté, voilà les seules puissances devant lesquelles on les invitait à courber la tête. Il est vrai que les sophistes, trafiquant des lieux communs et des subtilités d'une mauvaise philosophie, ne tardèrent pas à venir usurper ce sublime ministère et leurs extravagances ont toujours fourni un prétexte spécieux de mépris, pour la sagesse antique, aux gens qui ne voulant entendre parler ni de liberté, ni de philosophie, font le procès à un tems, en vertu des fautes et des sottises d'un autre. Le propre de la mauvaise foi est de confondre les choses sous de menteuses généralités, sans tenir nul compte des différences; tandis que la fonction de la véritable logique est de dist inguer.

Athènes était une république gouvernée monarchiquement par la parole; et le talent de bien dire ajoutait un mérite de plus aux services dont il était l'instrument. Quand les mœurs y furent corrompues et l'esprit public perverti, beaucoup d'orateurs, mauvais citoyens, abusèrent, contre les vrais intérêts de l'état, de la mobilité de ce peuple, esclave du plaisir de ses oreilles, et firent un calcul sordide de leur lâche popularité. Ceux-là de même obtinrent des couronnes, et ils auraient dû s'en passer, car il n'est pas juste d'avoir tout ensemble la gloire et l'argent dans le maniement des affaires publiques; mais la dégénération inévitable des choses humaines ne peut pas servir de preuve contre l'utilité de leur institution. Les méchans peuvent, dans des temps de troubles et d'oppression, usurper les récompenses nationales, qui ne furent proposées qu'à l'émulation des gens de bien; c'est aux époques plus calmes qui suivent, qu'il appartient de fondre la statue de Séjan, et de sanctionner l'apothéose de Germanicus; de balayer la cendre impure de Marat des parvis du Panthéon, et d'y replacer l'urne de Mirabeau.

Il suffisait quelquefois, pour mériter la couronne d'or de Démosthène, d'avoir, dans une circonstance critique, suggéré une résolution énergique à ses concitoyens. Plutarque dit que les Phocidiens l'accordèrent à leur concitoyen Diaphante, qui leur avait conseillé, à la veille d'une bataille d'où dépendait leur destinée, de préparer un bûcher pour leurs femmes et leurs enfans, afin de soustraire leur postérité à la honte de la servitude, s'ils devaient être vaincus. Ce qu'il y a de remarquable dans cette histoire de Plutarque, c'est de voir les femmes, qui eussent été brûlées selon le conseil de Diaphante, si le sort eut trahi le courage de leurs époux, être les premières à lui voter la couronne.

Plusieurs villes grecques se réunirent pour en voter une à la ville d'Athènes, qui marchait la première dans la ligue formée contre Philippe, en faveur de l'indépendance du Péloponèse. C'est même une circonstance dont se prévalut Démosthène, quoique cette guerre et cette ligue, qui étaient le résultat de ses conseils, eussent si malheureusement tourné. « C'est par moi, disait-il, » qu'Athènes a mérité elle-même l'honneur insi» gne que lui ont fait les villes alliées. Quel autre » orateur avant moi peut se flatter d'avoir été l'ins» trument d'une gloire aussi éclatante pour sa pa» trie ». Quand Démosthène disait ces paroles, on ne songeait point à lui reprocher la défaite de Chéronée. Les Athéniens pensaient, il faut croire, que *les bons conseils ne sont pas coupables des mauvais événenemens.*

Aristophane, qui s'était moqué des couronnes olympiques, parce qu'elles étaient faites de feuilles d'arbre, ayant dit dans l'une de ses pièces, qu'Athènes était indépendante de toute puissance, et ne relevait que de sa propre autorité dans tout ce qui touchait ses intérêts, cette simple expression d'un sentiment de fierté patriotique, fut réputée digne de récompense comme une belle action; et Aristophane ne refusa point la couronne qui lui fut offerte. Les choses les meilleures sont ridicules ou dignes de mépris auprès de certains hommes, jusqu'à ce qu'elles tombent en leur puissance; alors elles deviennent très-convenables et très-dignes d'être recherchées.

Au reste, les droits que Démosthène avait acquis à la reconnaissance de ses concitoyens n'étaient pas uniquement fondés sur de bons conseils et sur une administration vigilante et désintéressée.

Il avait, comme on sait, employé une partie de sa fortune à l'utilité publique, et reconstruit à ses frais les murailles de la ville ; il avait aussi consacré une assez forte somme aux frais des sacrifices publics. On récompensait en lui un patriotisme plein de libéralité. Les mêmes sacrifices, en faveur de la chose publique, avaient presque toujours été accompagnés des mêmes rémunérations solennelles. Il est si ordinaire que l'état soit volé par ceux qui l'administrent, et qu'il les engraisse, bien loin d'être engraissé par eux, qu'une vertu si belle et si rare a dû exciter la plus vive admiration dans ces républiques, assez heureuses pour la voir se reproduire quelquefois. Démosthène n'en donnait pas le premier exemple à Athènes ; Nausiclès, avait équipé à ses frais plusieurs vaisseaux de l'état. Diotime et Charidème avaient reçu la couronne d'or, pour avoir fourni gratuitement des boucliers à la république.

L'éloquence ne fut jamais considérée dans les beaux temps d'Athènes, hors de son application dans les discussions publiques, ni par conséquent couronnée comme la faculté de discuter sur des sujets oiseux. Mère et fille à la fois des résolutions généreuses, la digne éloquence ne survécut pas à la liberté. Le verbiage captieux que vendaient les sophistes dont s'est moqué Lucien, ne mérite pas plus ce nom que les criailleries virulentes ou la faconde vénale des démagogues qui se mettaient aux gages de Philippe. L'éloquence véritable emprunte le caractère des sentimens qui la fécondent; et pourvu que sa nécessité la plus essentielle, qui est de s'appliquer aux grandes choses, c'est-à-dire, aux intérêts politiques d'une nation, soit satisfaite, elle se manifeste par ces traits qui n'appartiennent qu'à elle, et qui émeuvent l'universalité des hommes. Ajoutons que les plus éloquens à la tribune sont toujours les meilleurs citoyens; et que dans les délibérations publiques on n'est pas dans l'embarras pour décerner la palme du mérite aux orateurs : sorte d'incertitude que l'on éprouve si souvent au barreau. On me pardonnera de faire, en passant, cette remarque dont les mémorables débats parlementaires, qui ont fini avant terme, viennent de nous léguer un exemple si frappant: la minorité, cédant à un triomphe matériel, est restée victorieuse par la puissance de conviction, que tant de paroles fortes de patriotisme et de vérité ont laissée dans les esprits; et quelques ressources oratoires qu'aient pu déployer leurs adversaires, la France n'a pas décerné le prix et la *couronne* de l'éloquence à ceux-ci.

Les écrivains qui étaient couronnés, l'étaient comme poètes, quel que fut le genre dans lequel ils s'étaient illustrés. Ce fut comme excellent poète qu'Hérodote fut couronné dans les jeux Olympiques, après avoir lu les premiers livres de son histoire aux Grecs enchantés. Sur quoi un vieux

commentateur fait cette remarque : « Les couronnes des orateurs et des historiens étaient les
» mêmes que celles des poètes, parce que, dans
» le discours ordinaire comme dans les vers, le
» grand mérite, la condition essentielle est cette
» vive éloquence, dont les formes sont multipliées
» et diverses, mais également belles. Il n'importe
» par quel moyen, et dans quel genre, elle se manifeste ; que la parole soit soumise aux lois difficiles du mètre, ou qu'elle marche avec liberté ;
» qu'elle soit écrite ou improvisée ; que sa fonction s'exerce en public ou en particulier. Cette
» éloquence, qui fait sa grâce et sa force, aimable
» partout où elle se présente, est en tous lieux,
» conseillère, victorieuse et dominatrice. »

Tous les genres de talens, comme tous les genres de force, concouraient dans ces jeux sacrés. Les philosophes, les tragiques, les orateurs venaient chacun y réclamer l'attention et les suffrages de l'élite de la Grèce assemblée. Eschyle, Sophocle et Euripide étaient venus y recevoir les couronnes que plus de deux mille ans ont laissées intactes sur leur front. Les Rapsodes mêmes, ces parasites de la littérature, qui vivaient sur l'opulent domaine d'Homère, pourraient y obtenir des récompenses.

Ce qu'il y a de plus extraordinaire pour nous, dans les mœurs et les usages de l'antique Grèce, c'est que, ses peuples si ingénieux et si polis, si passionnés appréciateurs des dons de l'esprit et de la suprématie de l'intelligence dans l'homme, aient accordé des honneurs presque divins, et d'immenses priviléges à des choses qui étaient sans rapport avec elle, je veux dire, les combats du cirque et les talens de l'athlète.

Il est assez bizarre, il faut en convenir, de voir payer du même salaire, un heureux coup de poing, ou la plus belle tragédie de Sophocle, la vitesse d'un *quadrige* ou les *neuf Muses* d'Hérodote. Rien de plus exact pourtant, que l'assimilation absolue de tous ces genres d'excellence ; la couronne olympique, la même pour tous, procurait à tous les mêmes avantages ; et l'on pouvait dire de chacun d'eux ce que dit Horace des triomphateurs à la course des chars :

——————Palmaque nobilis
Terrarum Dominos evehit ad Deos.

Cependant la supériorité de l'athlète, loin qu'elle dépendît d'une certaine mesure d'intelligence, en était au contraire exlusive. Ce que nous savons de leur genre de vie prouve qu'ils consacraient trop de vigueur organique aux fonctions musculaires, pour qu'il en restât au cerveau. Quant à leurs vertus, s'ils pouvaient en avoir de réelles dans ce sommeil habituel de l'intelligence, c'était seulement celles dont leur profession leur faisait une rigoureuse nécessité, savoir la sobriété et la continence.

Platon, dit Rousseau, réunissait la force de l'athlète à la raison du sage; et il veut que ce double développement dans l'homme, soit le but de toute éducation. Rousseau devait pourtant savoir que les hommes comme Platon sont des exceptions très-rares et que le grand nombre est réduit à choisir entre la force des muscles ou l'énergie du cerveau.

Mais l'estime exagérée qne l'on avait pour les capacités athlétiques s'explique très-bien par d'autres raisons. Epaminondas qui excellait lui-même dans tous les exercices de la palestre, les avait singulièrement encouragés parmi les Thébains ses compatriotes, et c'est à la supériorité qu'ils avaient acquise dans ces jeux que ce grand homme attribuait le gain des batailles de Leuctres et de Mantinée.

Quoi qu'il en soit, les couronnes conférées aux olympiens emportaient encore plus d'honneurs et et de considération que celles que l'on décernait aux exploits les plus illustres. Il suffit, pour donner une idée de la nature et de l'étendue de leurs priviléges, de parler du droit d'asile et de celui de perpétuer le souvenir de leur nom par des médailles, quelques auteurs disent même par des monnaies qui portaient leur effigie; droits véritablement régaliens, et prérogatives exorbitantes. Les vainqueurs seuls avaient droit à ces distinctions éclatantes, et nul dédommagement n'était institué au profit des vaincus. On doit croire que ces couronnes étaient souvent un présent du hasard, quand on lit dans les anciens les récits de ces combats fameux. Les plus estimés des athlètes, et ceux que l'on couronnait avec le plus de solennité, étaient les *quinquertions* ou pentathles. On désignait par ce nom ceux qui avaient remporté le prix dans les cinq genres de combats les plus difficiles de la palestre.

La couronne olympique, à cause des avantages immenses qui y étaient attachés, était devenue comme le type universel et la mesure de la gloire la plus étendue qu'un mortel pût acquerir. Dans les écrits des anciens, le bonheur des dieux de l'Olympe est un terme de comparaison souvent usité pour donner une idée de celui dont jouissent ces lauréats illustres qui, entretenus aux frais de l'état et exempts de toutes les charges communes, n'avaient plus qu'à jouir en paix de leur gloire. Ainsi la condition d'athlète olympien et émérite, différait peu de celle de chanoine prébendaire, qui jadis s'obtenait, chez nous, avec moins de fatigues. Quoi qu'il en soit, tant l'opinion est bizarre! les rois contemporains des beaux siècles de la Grèce, enviaient ardemment cette sorte de triomphe; et descendant dans l'arène, par procuration, ils obtenaient cette couronne au moyen d'excellens chevaux et d'habiles cochers.

Bien plus tard, on vit l'insensé Néron courir les villes où se célébraient les jeux pour obtenir des couronnes. Cet histrion, maître du monde, les obtint toutes; mais alors la Grèce, esclave, était avilie au point même qu'elle ne pleurait plus sa liberté. Après avoir remporté le prix comme baladin sur le théâtre, Néron voulut obtenir les couronnes olympiques, et surtout le prix d'éloquence. Cet absurde tyran cherchait encore, au moment où l'empire lui échappait, à jeter sur ses turpitudes le voile d'un succès littéraire, et le sénat avide de bassesse et de honte confirmait ses folies par des sénatus-consulte sérieux.

On érigeait ordinairement des statues à ceux qui avaient mérité la couronne d'excellence ou la couronne olympique. La gloire de voir son image en marbre ou en airain offerte aux regards et aux respects de la multitude, n'était que la conséquence de ce premier et insigne honneur, la couronne. Ainsi, ce fameux Démétrius de Phalères, à qui la ville d'Athènes avait érigé autant de statues qu'il y a de jours dans l'année, était réputé avoir été couronné un pareil nombre de fois.

Les idées des Grecs relativement à la prééminence des couronnes olympiques, avaient passé chez les Romains de très-bonne heure, et cette dénomination paraît avoir été adoptée par ces derniers pour désigner la récompense la plus élevée que pût décerner la reconnaissance publique. C'est du moins ce que l'on peut conclure d'un fragment de la plus ancienne législation des Romains, rapporté par Cicéron dans les termes que voici : *Qui tyrannum occiderit, olympicarum præmium capito ; et quam volet sibi rem à magistratu deposcito ; et magistratus ei concedito.* (Cic. de Invent.)

Au reste, la couronne olympique ne fut pas plus célèbre chez les Grecs, que la couronne civile ne l'a été chez les Romains; celle-ci était d'institution toute romaine, de même que la couronne militaire, dont ces derniers multiplièrent considérablement les applications; ce qui pourrait concourir à prouver que l'institution militaire eut dans leur organisation politique encore plus de part que dans celle des Grecs; vérité d'ailleurs très-constatée.

La couronne civique se donnait, comme on sait, à celui qui, dans le combat, avait sauvé un concitoyen; telle était sa destination primitive : elle était faite de feuilles de chêne, arbre consacré à Jupiter. Le prix et la dignité de cette couronne se conservèrent plus long-temps que celle de tout autre, par un effet de la rareté des cas dans lesquels elle pouvait être accordée. Mais, chez un peuple aussi ami de la guerre et aussi prodigue de sang, l'importance attachée à la conservation d'un citoyen quelconque dérivait sans doute de tout autre motif que de celui de l'humanité. Cette qualité de citoyen romain, et ce droit de bourgeoisie romaine, que les superbes dévastateurs du monde firent envier aux plus grands rois, après les avoir humiliés, ils avaient voulu de bonne heure les rendre respectables. Ainsi la couronne civique fut inventée afin que l'existence d'un Romain ne fût pas aussi aisément mesurée au tranchant du glaive que celle d'un étranger ou même d'un allié. « Je suis citoyen romain, s'écriait celui qu'on frappait de verges par l'ordre de Verrès. » Cicéron insiste sur la solennité de la réclamation renfermée dans ces trois mots : *ego cives Romanus ;* et l'un des moyens les plus énergiques qu'il met en œuvre, pour faire ressortir la férocité du proconsul, c'est qu'elle n'ait pas été désarmée par cet appel aux lois tutélaires de la commune patrie.

C'est en nourrissant en eux et autour d'eux cette idée de leur importance, comme membres de la cité, que Rome avec ses enfans conquit l'empire du monde. Règle générale : les hommes valent tout ce qu'un gouvernement leur apprend à s'estimer ; et, par cette raison, le plus grand crime des gouvernemens impopulaires est d'avilir les âmes et de dégrader le caractère national, par les moyens qu'ils sont réduits à employer afin de se maintenir.

Toute la force de l'empire était dans ces fameuses légions, qui se composaient de citoyens ; et il n'y avait pas un soldat de ces légions qui, en sa double qualité de citoyen et de Romain, ne crût valoir et ne valût mieux en effet que vingt auxiliaires. Ces nobles préjugés nationaux, si toutefois un orgueil aussi bien justifié par l'histoire peut s'appeler ainsi, rendent raison de ce mot de Lucullus, qui disait : J'aimerais mieux sauver un compagnon d'armes, que d'emporter le plus riche butin et les plus magnifiques dépouilles. Choses pourtant que Lucullus ne méprisait pas du tout, comme il l'avait fait voir à Tigranes.

La qualité de citoyen romain ne fut jamais accordée aux étrangers que comme la récompense des plus grands services rendus à la république. Mais cette haute estime de soi-même n'est pas un trait absolument particulier du caractère national des Romains, qui peut-être avaient, plus habilement que d'autres peuples, converti l'orgueil national en levier politique. Les Athéniens de même conféraient le droit de cité, ou comme un salaire suffisant pour de grandes choses faites dans l'intérêt de leur république, ou comme un hommage proportionné à la puissance des princes qu'ils voulaient flatter. La patrie est tout chez les peuples libres; et le citoyen est une portion de la patrie.

Lorsque l'esprit public fut altéré par les guerres civiles, d'où naquit enfin la tyrannie, sous la tyrannie même, la couronne civique jouissait encore de cette haute estime qu'elle avait plus légitimement possédée dans d'autres temps. Virgile fait dire à Anchise, montrant à Énée sa postérité future :

Qui juvenes quantas ostentent respice vires,
Atque umbrata gerunt civili tempora quercu.

Dans l'ancienne république, la couronne civique se donnait par les mains de celui qui avait été conservé à son libérateur : de sorte que l'aveu du danger auquel il avait été arraché était nécessaire pour fonder le droit de son compagnon. Il fallait en outre que la réalité du péril fût attestée par la mort d'un ennemi. Toutes ces conditions, maintenues par les rivalités militaires, en rendant l'usage de la couronne civique assez difficile, empêchaient son avilissement.

On voit dans Plutarque, que Coriolan, voulant sauver un citoyen tombé dans la mêlée, ne se borne pas à le couvrir de son corps et de son bouclier, mais il frappe en même temps un ennemi, et remplit ainsi ce vœu de la loi, de sauver la vie d'un côté en donnant la mort de l'autre.

Quel que fût le rang du citoyen que l'on sauvait, la récompense était la même. Sauver le général ou l'un de ses soldats, c'était, au moins sous ce rapport, une action d'un mérite égal.

Ce qu'il y a de très-digne de remarque relativement à l'usage de cette couronne, c'est qu'il se maintint dans son austérité majestueuse des premiers temps, jusqu'à ce qu'il se perdît sans retour dans la ruine générale des institutions de la république. Toutes les autres couronnes donatives étaient d'or : la munificence romaine prodiguait l'or aux étrangers ; mais la couronne civique, qu'elle donnait aux siens, ne fut jamais que de feuilles d'arbre. « Mœurs admirables, s'écrie » Pline, qui n'avaient pas voulu mettre à prix » d'or le salut d'un citoyen, ni transformer en » spéculation intéressée les premiers et les plus » beaux mouvemens du cœur. »

Ce que nous venons de dire est plus que suffisant pour démontrer que la couronne civique est d'institution toute romaine, ainsi que nous l'avions avancé déjà. Il n'y a sans doute aucune contestation à craindre à cet égard ; que si pourtant cela arrivait, il existe un passage de Strabon, qui nous serait d'un formidable secours. Socrate avait, dans une bataille, à Chéronée je crois, sauvé Xénophon tombé de son cheval, et l'avait emporté sur ses épaules loin de la mêlée; sur quoi Strabon remarque que Socrate eût, par ce fait, mérité la couronne civique, si elle eût été en usage à Athènes aussi bien qu'à Rome.

Plus tard les nations alliées de Rome ou soumises par elle, adoptèrent cette couronne avec l'ensemble de ses coutumes et de ses lois, et le nom en est resté populaire dans l'Europe romaine. Tous les autres genres de couronne sont oubliés et inconnus ; seule la couronne civique a joui du privilége de renaître toutes les fois que les peuples modernes ont secoué leurs fers. A la vérité, elle n'a pas reparu absolument la même que chez les

Romains; nous lui avons donné une destination plus large; nous l'avons en quelque sorte chargée de représenter ces innombrables variétés de couronnes, jadis distribuées aux divers genres de mérite civil. Cette destination ne trahit nullement son origine, surtout quand elle est donnée pour récompense à de grands exemples de patriotisme; à la défense des libertés publiques. Alors nous pouvons emprunter une voix de l'antiquité, et nous écrier avec Pline : *Cedant his murales, vallaresque et aureas quamquam pretio antecedentes ; cedant et rostratæ*, etc.

La couronne civile ne se donnait pas dans les guerres civiles ; condition remarquable qui faisait une partie de sa sainteté.

Ajoutons enfin que la destination de cette couronne n'était pas littéralement restreinte à l'action de sauver un citoyen. Tout acte qui avait pour but le salut ou le grand avantage de la patrie, pouvait la mériter. Par cette raison, *Stace* en décore le front de Curtius, se précipitant dans le gouffre pour satisfaire à l'oracle qui menaçait sa patrie. *Meritaque caput venerabile quercu.*

Sicinius Dentatus, cet Achille romain, dans une harangue conservée par Denys d'Halicarnasse, en faisant l'énumération de toutes les marques d'honneur qu'il avait obtenues, compte *quatorze* couronnes civiques. Solin attribue à ce guerrier, en armes, couronnes, dépouilles, lances, caparaçons et autres insignes, le nombre prodigieux de plus de trois cents récompenses militaires. Manlius Capitolinus en avait aussi obtenu plusieurs de ce genre, dans le nombre de beaucoup d'autres. Solin parle en même tems de Marcus Sergius qui avait rapporté des couronnes civiques de ces désastreuses journées de Trasimène, de Trébie et du Tésin où tant de Romains avaient péri. Il en avait même rapporté de la bataille de Cannes; et c'était déjà une sorte de triomphe d'en être revenu, car presque tous les Romains qui avaient combattu y restèrent. Sylla avait également mérité cette couronne dans la guerre Marsique, en sauvant un soldat romain à Nole; et il avait pris plaisir à faire retracer en peinture, dans sa villa de Tusculum, qui depuis appartint à Cicéron, ce trait glorieux de sa carrière militaire. Ce qui semble à Pline une sorte de dérision exécrable du féroce dictateur: pour un citoyen qu'il avait sauvé, dit-il, avec indignation, combien en avait-il proscrit et massacré de milliers. Il s'appelait l'*heureux* ; mais ce titre superbe, il devait le céder à *Sertorius*, sauveur magnanime de toutes les victimes échappées à sa rage.

César pouvait prétendre également à la couronne civique, et à plus juste titre; car s'il fallait en croire les hommes nés pour servir, il fut le sauveur et non l'oppresseur de sa patrie. Aussi lui fut-elle décernée par la lâche condescendance du sénat. Le sénat, comme on sait, lui avait conféré de bien plus extraordinaires priviléges ; il lui avait asservi la pudeur de toutes les dames romaines.

Ainsi la couronne civique fut à son tour dégradée de son antique majesté, après l'avoir un peu plus long-temps conservée que toutes les autres.

On suspendait la couronne civique à la porte des princes; et la coutume s'introduisit peu à peu d'accorder le même honneur aux particuliers. Quelquefois on se contentait de les sculpter ou de les peindre. Cet usage rend raison de ces deux vers d'Ovide, dans son poème national des Fastes, vers dont l'un nous a paru une épigraphe assez heureusement adaptée à la circonstance qui a donné lieu à ces recherches et à leur publication :

Augeat imperium nostri ducis ; augeat annos,
Protegat et nostras querna corona fores !

Lucain, dans son panégyrique à Pison, fait allusion à la même coutume dans ceux-ci :

Hinc quoque servati contigit gloria civis,
Altaque victrices intexunt limina palmæ.

Tacite parle des mêmes honneurs rendus à ce Germanicus, si digne qu'on renouvelât pour sa gloire tous les usages de l'ancienne Rome. Mais enfin, tous les monstres qui se succédèrent sur le trône du monde, voulurent aussi la couronne civique, et les plus pervers s'en montrèrent les plus jaloux. Le droit de donner cette couronne tomba dans les attributions du pouvoir suprême, quand les empereurs eurent tout usurpé ; et alors l'assentiment du citoyen sauvé ne fut plus la condition rigoureuse de cette distinction décernée au sauveur. César et Octave en avaient déjà disposé en maîtres. Tibère, despote plus rigoureux, voulut cependant affecter d'en laisser la dispensation au sénat, par un effet de cette hypocrisie raffinée qui lui faisait jeter sur le pouvoir absolu les formes ou plutôt les ombres de l'ancienne liberté. Il refusa de l'accepter pour lui-même, dans la crainte, disait-il, de paraître vouloir s'égaler au divin Auguste : on sait à quel degré d'adulations et de bassesses il réduisait le sénat par tous ces refus simulés.

Ajoutons à ce que nous venons de dire sur la dignité et la prééminence de la couronne civique chez les Romains, cette courte énumération que fait Pline des priviléges qu'elle conférait au donataire : « Elle est un don irrévocable ; dans les » jeux publics et même dans le sénat, on se lève » en présence de celui qui la porte. Il a le droit » de s'asseoir à côté des sénateurs dans les solen- » nités publiques. Il jouit de l'exemption des char- » ges et des fonctions onéreuses, pour lui, de » même que pour son père, et pour son aïeul pa- » ternel. » (1)

---

(1) *Accepta licet uti perpetuò. Ludos ineunti semper assurgi,*

Pline ne met pas au nombre des priviléges de la couronne civique, celui d'*inviolabilité*, qui, chez les Grecs, était un des principaux avantages attachés aux principales couronnes donatives. Il est cependant très-probable que, sur ce point, les Romains avaient suivi l'exemple de leurs devanciers; d'autant plus que ce privilége est si bien en harmonie avec les autres, qu'il semble en être une nécessaire conséquence. Quoi qu'il en soit, la couronne civique fut toujours considérée comme le témoignage le plus éclatant de l'estime publique, et le plus riche présent que la reconnaissance d'un grand peuple pût offrir à un grand citoyen; et il était de maxime populaire que le bonheur de ceux qui l'avaient méritée égalait leur illustration.

On a vu que le choix de la plante, herbe, feuille ou fleur qui servait à la composition de la couronne, n'était nullement indifférent; et qu'il était toujours motivé par une intention allégorique. Ainsi quand les Athéniens se couronnaient de myrte, dans les fêtes solennelles consacrées à Harmodius et Aristogiton leurs libérateurs, et que ceux qui avaient détruit la tyrannie en décoraient leurs glaives, c'était par allusion à Vénus belliqueuse et triomphante; laquelle, chez les anciens, n'était

---

etiam ab senatu in more est. Sedenti jus in proximo senatus: vacatio munerum ipsi, patrique et avo paterno.

point la germaine de la Vénus des molles amours. Quand les orateurs paraissaient à la tribune couronnés du même myrte; c'était par invocation à Vénus persuasive.

Les anciens, en désignant par le nom de Vénus la force créatrice et le principe vivifiant de la nature, avaient singulièrement varié les fonctions de cette déesse et multiplié ses attributs. D'ailleurs, chaque peuple lui prêtait des charmes conformes à ses goûts; c'est pourquoi la Vénus de Sparte n'était pas la même que celle d'Athènes ou de Sybaris.

La couronne civique étant dans un si haut degré d'estime, le choix de sa matière devait être soumis aux mêmes calculs emblématiques, et la préférence que l'on accordait au feuillage des différentes espèces d'arbres glandifères mérite d'être remarquée.

Pline l'ancien compte six espèces de chêne, qui tour à tour furent en usage pour la couronne civique : *robur*, *quercus*, *esculus*, *cerrus*, *ilex*, *suber*. Mais la préférence se fixe de bonne heure sur les deux premières espèces, *robur* et *quercus*. *Robur* était aussi le nom de la Force, dans cette belle langue des Latins.

Le chêne était consacré à Jupiter, qui, sous les dénominations diverses de Sauveur, de Conservateur, de Tonnant et même de Père nourricier, *Sator*, était le dieu tutélaire de Rome. — Cette remarque rend une raison suffisante de la préférence accordée à son feuillage, dans le cas de la couronne civique ; mais les commentateurs, qui ne sont pas gens à se contenter d'une seule explication, quelque plausible qu'elle soit, sont entrés à cet égard dans un détail de conjectures où nous ne les suivrons pas. Des anciens, tels que Philostrate, Festus, Aulu-Gelle, pour qui les rites des Grecs et des Romains primitifs étaient déjà l'objet de laborieuses recherches et de difficultés fréquentes, ont creusé cette matière. Plutarque, qui mérite toujours d'être cité, à cause de son grand sens et de sa bonne foi, dit que le chêne, voué à Jupiter, protecteur de la cité *Jovi polieo*, était, à cause de cette première destination, un symbole de salut.

Ajoutons que cet arbre était aussi consacré à Rhéa, ou Dindymène, ou Cybèle, c'est-à-dire, la Terre, mère commune du genre humain. Avant que la bienfaisante Cérès fût venue faire connaître ses doux trésors aux hommes, malheureux et sauvages, ils trouvaient dans le fruit grossier du chêne un aliment, et dans ses vastes troncs caverneux un asile contre la férocité des fauves. L'épaisseur et la teinte foncée de son feuillage, qui contribuent à jeter un voile si sombre sur les bois dans lesquels cet arbre domine, ont pu contribuer aussi aux superstitions dont il fut l'objet, non-seulement chez les Romains, mais chez la plupart des peuples primitifs de l'Occident. Il était en vénération parmi les Celtes. Chez les Grecs, le culte de Dodone lui prêtait une voix prophétique. Virgile dit :

——— *Atque habitæ Graiis oracula quercus.*

Le chêne de Mambré avait la même célébrité chez les Hébreux. Tous les usages antiques dans lesquels on voit figurer cet arbre semblent se rattacher aux premières traditions du globe, aux premières impressions de l'homme, à ses idées originelles sur les puissances de la nature.

Les dépouilles guerrières, prix de la victoire, se suspendaient aux branches des vieux chênes. Quand Romulus a vaincu Acron, il attache les armes de son ennemi à un chêne. A une époque bien postérieure de l'histoire de Rome, Marcellus attache de même à un yeuse l'armure de Britomart, roi celte, qu'il avait défait. Arminius, après avoir massacré Varus et ses légions, mutile les soldats romains, et décore de ces odieux et sanglans trophées, les arbres de ses forêts paternelles. Il paraît même que le droit public des nations primitives ne permettait pas l'emploi du marbre et des métaux dans la construction des trophées militaires et des monumens destinés à perpétuer le souvenir des victoires, afin que ce souvenir ne fût pas une humiliation trop durable pour ceux dont le sort avait trahi le courage.

Dans l'assemblée générale de la Grèce, le conseil des Amphyctions, les Lacédémoniens accusent les Thébains, leurs victorieux adversaires, d'avoir formé d'airain les trophées de la bataille de Leuctres; et ils exposent ce principe, que les trophées sont établis pour célébrer la victoire, et non pour éterniser le deuil des vaincus. Les Amphyctions donnent gain de cause à ces derniers, pensant, dit Cicéron, qui rapporte cette contestation intéressante, qu'entre les diverses nations grecques, il ne devait pas exister des monumens d'inimitiés perpétuelles. Ce principe si généreux était mis en pratique même à l'égard des Barbares; ce qui paraît bien contraire à l'esprit de cette terrible maxime, qui a tant retenti dans l'antiquité : *væ victis!* malheur aux vaincus!

Plutarque a consigné cette observation remarquable dans ses écrits, que la mémoire de ceux qui avaient construit les premiers trophées d'airain, n'était point belle, n'était point en honneur. Diodore de Sicile rappelle ce mot très-ancien : *O homme! ne sois point trop confiant dans ta prospérité, et ne te fais pas des trophées d'airain.* C'est en vertu de ces idées que la coutume générale, dans la Grèce, était d'employer uniquement le bois pour ces sortes d'ouvrages, afin d'offrir une proie plus facile à la rapacité du temps.

César disait qu'il ne voulait pas mettre en ligne de compte dans l'histoire de sa vie ses succès dans les guerres civiles, ni garder dans sa mémoire le fardeau de tout le sang romain qu'il avait versé. Tous ces sentimens étaient conformes au principe qui n'admettait pas l'usage de la couronne civique dans les guerres civiles : c'eût été une manifeste contradiction. Il faut convenir que l'on trouve de grandes et sublimes leçons chez les anciens. Ils se disputaient la domination et tout ce qui peut exciter les ardentes convoitises de l'ambition ; mais dans leurs plus grands excès, l'image de la patrie leur fut toujours sacrée, et ils ne triomphaient pas avec une joie scandaleuse de ses blessures et de ses pleurs.

La couronne civique fut d'or quand les suggestions du luxe eurent repoussé la simplicité majestueuse des premiers temps ; mais l'or fut obligé de s'assouplir à l'imitation de la couronne primitive, et de se façonner en feuilles de chêne.

Les couronnes militaires les plus importantes n'étaient qu'une sorte de transformation de la couronne civique. La couronne obsidionale, par exemple, qui se donnait à celui qui avait secouru et sauvé une ville assiégée, avait avec elle une commune origine. Elle était le gage de la gloire militaire la plus désirable qu'un chef pût ambitionner. Le cri unanime de la République la décerna à ce Fabius-Maxime si célèbre sous le nom de temporiseur, après qu'il eut délivré l'Italie d'Annibal, par la sage imperturbabilité de ses plans. Les autres couronnes, dit Pline, étaient données par les généraux ou les empereurs ; celle-ci l'était par les soldats à leur général. Il la met bien au-dessus des couronnes vallaires , murales , rostrales , triomphales, et même au-dessus de la couronne civique. Car, remarque-t-il, si celle-ci était le prix du salut d'un individu, la couronne obsidionale, prix du salut d'une cité toute entière , devait avoir bien plus d'importance et de solennité.

La couronne triomphale était de laurier, ou d'or en forme de laurier. La couronne de l'ovation était de myrte ; ce qui s'explique par ce que nous avons dit tout-à-l'heure sur la Vénus belliqueuse et triomphatrice. Les Marses, race guerrière , en faisaient l'emblème le plus ordinaire de la victoire.

Je vais borner ici ma carrière trop rapide et trop courte pour un si vaste sujet. Il me resterait sans doute un beau chapitre à faire, et j'en avais le projet, sur les couronnes militaires ; mais j'ai dépassé le terme que je devais me prescrire , et il faut m'arrêter. J'avouerai d'ailleurs , que j'aurais été gêné dans cette partie de mon travail. Un sentiment de tristesse et de regret m'a saisi en parcourant les fastes militaires antiques et les grandes actions des peuples les plus belliqueux qui aient existé sur la terre. Hélas, les actions de nos guerriers sont toutes pareilles ; et combien pourtant sont morts en héros, loin de la patrie, et sans qu'elle ait pu acquitter par une couronne, ni même par un regard sur leur tombe, sa dette envers eux. Telle est la gloire vivante, telles sont les couronnes militaires dont je voudrais pouvoir m'occuper.

Si jamais je vois la couronne civique et militaire placée sur les fronts des héroïques débris de nos légions vaillantes, si jamais ele est accordée à vos pareils, intrépide et digne guerrier, brave colonel S.... dont le bras est tombé à Vaterloo sous les sabres ennemis, après avoir porté les coups les plus terribles! alors je reviendrai à mes vieux auteurs pour leur demander de quel éclat imposant et de quelle solennité, de quelles couronnes ils auraient récompensé tant de patriotisme et de bravoure.

En attendant que la patrie s'acquitte envers ceux qui ont versé leur sang pour elle, tenons pour un favorable augure de son avenir, le désir qu'elle manifeste d'encourager de la plus haute estime le courage civil; regardons comme très-heureux qu'elle récompense, autant qu'il est en elle, ceux qui ont bravé un autre genre de dangers que les hasards du champ de bataille. Honorons les cités si françaises qui les premières ont compris et déclaré tout le mérite d'une telle constance.

La résistance calme et *non sanglante*, comme dit Plutarque, d'un seul citoyen ferme en sa vertu, fait quelquefois plus pour un état en provoquant la reconnaissance et la consécration d'un principe méconnu, d'une garantie contestée, que ne ferait la puissance d'une armée et le gain d'une bataille. Je vois des gens qui, saisis d'un rire amer, s'écrient : la charrette fatale était-elle donc à la porte? Non, elle n'y était pas ; mais nous entendons tous les jours les vœux de sang qui précèdent d'ordinaire le roulement de cette charrette qui mène à l'échafaud. L'impatience exterminatrice qui tient lieu de verve à certains écrits dément assez ceux qui, si confians dans leurs forces, par une singulière contradiction, voudraient persuader qu'il n'y a à leur résister ni péril ni mérite.

Quand Hampden refusa la taxe de 20 schellings, la charrette fatale n'était point à sa porte; il était tout au plus exposé à recevoir garnison militaire chez lui. Cependant pour ce seul refus du paiement d'une taxe arbitraire, l'Angleterre place le nom de Hampden au rang des plus grands noms de son histoire. Et c'est avec justice car sans la résistance et l'opiniâtreté généreuse de ce seul homme, la pétition des droits n'aurait pas eu lieu, ni le renouvellement de l'ancien pacte national, la grande charte, n'eût pas signalé cette époque. En un mot, la nation anglaise n'eût pas reconquis les usurpations de la couronne, rajeuni ses garanties; et ce parlement si fier, qui peut proposer la majesté de ses discussions pour modèle à tous les peuples qui veulent une représentation nationale, se tairait aujourd'hui, ou plutôt il n'existerait plus.

Je ne puis m'empêcher, en traçant les lignes qui vont terminer cet écrit, de songer aux injures qu'il va m'attirer, et à la sorte de proscription anticipée qu'il me fera partager avec l'homme si recommandable à qui je l'adresse. Ils diront, je crois déjà les entendre, que l'apologiste du régicide a trouvé un panégyriste; et ils répéteront une infâme et atroce calomnie une fois de plus.

Je veux répondre d'avance à tous les outrages que me vaudra probablement cet opuscule, et j'ai peu de mots à dire à ceux de qui je les attends.

« Si vous étiez payens, je vous dirais : *Prenez » garde de vous faire des trophées d'airain* », car cet orgueil des hommes allume la colère de la terrible Némésis; mais puisque vous êtes chrétiens et très-bons chrétiens, je vous dirai : Vous êtes les plus forts, vous triomphez; modérez pourtant l'ivresse de votre joie, et soyez de plus charitables ennemis. Les passions haineuses ne sont pas un bon moyen pour pénétrer dans les secrets de la Providence; et vous ne savez nullement ce qu'il lui plaira d'ordonner de vous et de nous. Si jamais la force vous abandonnait, vous seriez bien aise de n'avoir pas abusé d'elle; car les vaincus ont toujours besoin de générosité. Songez qu'il y a une trop grande absence de pudeur à frapper qui ne peut se défendre, et qu'il est dans ce genre telle victoire dont l'homme qui se respecte le moins rougirait encore, car elle serait la plus extrême lâcheté.

Ne reproduisez pas surtout cette atroce accusation, dont l'indignation publique a suffisamment vengé l'honorable M. Manuel, et dont tant d'honorables collègues l'ont justifié par une profession de foi pareille à la sienne, et par une sorte d'identification avec lui; car ils ont crié, *nous sommes tous Manuel.* Dans un temps de calme, on sera étonné qu'elle ait pu être soutenue, et l'on pensera qu'il fallait qu'un tel athlète fût bien gênant dans la lice, puisqu'on a pris de si extraordinaires moyens pour l'en écarter ! L'histoire leur appliquera avec raison, à lui et à ses collègues, les mots de Tacite, *eo prefulgebant quod non videbantur.* On remarquera, ce qui n'a point été assez remarqué, ce me semble, que beaucoup d'autres membres de la chambre des députés et de celles des pairs, ont exprimé, quasi dans les mêmes termes que M. Manuel, les mêmes sollicitudes sur les résultats présumables de l'intervention, en ce qui peut toucher l'auguste famille royale d'Espagne.

Au reste, qu'il me soit permis de rapporter quelques fragmens de cette justification éclatante, œuvre commune du côté gauche, qui en attestant les sentimens de ses collègues pour M. Manuel, a comblé sa gloire. Toutes les rivalités de talens, s'il en existait, ont cédé au sentiment du devoir ; et ce moment est l'un des plus beaux que nos fastes représentatifs gardent à la postérité : en *couronnant* mon opuscule par des traits de l'éloquence patriotique de nos plus illustres citoyens, il me semble que je resterai encore dans les termes et les limites de mon sujet.

Je commencerai par le discours de M. de Girardin. Après avoir parlé des résultats inévitables de l'exclusion de M. Manuel, l'honorable député continue en ces termes :

« J'ai voulu que le peuple français en fût averti ; » j'ai voulu le lui dire aujourd'hui, parce que ce » sera peut-être la dernière fois que j'en aurai la » faculté. La tribune deviendra muette en devenant veuve d'un de ses plus grands orateurs ; c'est » le talent, c'est le courage de M. Manuel, que l'on » cherche à punir ; et sans doute, s'il n'eût pas » consacré ce talent et ce courage à la défense des » droits du peuple, l'on n'eût pas dénaturé son » discours, pour prêter à ses phrases un sens criminel qu'elles n'ont pas. La proscription une » fois commencée, elle ne s'arrêtera plus ; elle ne » finira que par la chute des proscripteurs. Cette » chute est certaine ; lisez dans le passé l'histoire » de l'avenir.... »

M. Sébastiani disait : « Je ne me propose pas de réfuter tous les sophismes à l'aide desquels on vous propose la subversion du gouvernement, le bouleversement de notre ordre social. Écartant la question de droit, je me bornerai à traiter la question de fait. Aucun des orateurs ne s'est occupé de reproduire la phrase incriminée ; aucun n'a osé soutenir qu'elle contient l'apologie du régicide ; et comment pourrait-elle s'y trouver, car le régicide ne révolte-t-il pas la raison?

L'orateur, répondant à M. de la Bourdonnaye, affirme que la convention nationale elle-même n'a jamais condamné, n'a jamais exclu aucun de ses membres. Elle les a accusés ; elle les a livrés à la férocité de ses tribunaux ; mais jamais elle ne les a condamnés dans une seule occasion, et nous le déplorons avec autant de sincérité que vous, à l'occasion du jugement de l'infortuné Louis XVI, elle a usurpé les fonctions législatives et judiciaires. »

M. Ternaux dit : « Je déclare, en mon âme et conscience, que je n'ai vu, dans le discours de M. Manuel, rien qui tendît à faire l'apologie du régicide, ainsi que le prétend notre collègue accusateur et en même temps rapporteur de la commission. »

M. Etienne, qui n'a jamais paru une seule fois à la tribune sans donner des preuves du talent oratoire le plus fécond et le plus brillant, et qui connaît si bien l'art d'adapter les formes les plus heureuses de notre langue, à la gravité des discussions parlementaires, disait éloquemment :

« Des doctrines si odieuses (tendant à justifier » le régicide) n'exciteraient sur nos bancs qu'une « unanime indignation ; il n'est parmi nous per-

» sonne qui ne regarde l'attentat du 21 janvier
» comme le renversement de toutes les lois divines
» et humaines. L'histoire impartiale dira quelles
» furent les causes de cette affreuse catastrophe;
» mais, dès aujourd'hui nous pouvons l'affirmer,
» elle proclamera que la France y fut étrangère.

» Qu'aurais-je besoin, Messieurs, de faire ici
» cette profession de foi, si je n'avais à parler
» que devant la France qui connaît les hommes
» qu'elle a honorés de sa confiance? Mais il im-
» porte de démentir hautement devant l'Europe
» ces calomnies odieuses, qui signalent comme
» des fauteurs de l'anarchie et du régicide les dé-
» fenseurs de la charte et des libertés publiques.
» Il importe de dire et aux rois et aux peuples,
» qu'on ne professe parmi nous que les principes
» sur lesquels reposent la stabilité des empires et
» le bonheur des nations. Il importe de répondre
» par cette loyale déclaration que nous puisons
» dans nos cœurs, à ces sinistres documens où
» l'on arme de poignards des fantômes sanglans
» qu'on fait apparaître devant tous les trônes, et
» où l'on semble s'imposer la tâche de recomman-
» der la France à la colère des rois. »

Le même orateur (M. Etienne) disait, en parlant de la lettre de M. Manuel à M. le président, au moment où il venait d'être forcé de quitter la tribune : « Cette lettre, Messieurs, est aujourd'hui
» publique; on ne dira pas que le temps et la ré-

» flexion l'ont dictée. Les sentimens que M. Ma» nuel y exprime sont tels qu'ils doivent éclairer » la passion la plus aveugle et désarmer la colère » la plus opiniâtre... Agir de la sorte, Messieurs, » ce n'est pas juger, c'est proscrire.

» C'est par la violation de toutes les lois, que » sont arrivées ces catastrophes dont a gémi toute » la France ; c'est aussi par la violation des lois » que périssent les institutions politiques. En » frappant un de vos membres, vous vous frap» pez vous-mêmes ; vous êtes accusateurs et juges ; » vous immolez tout à la fois le droit de défense, » les lois, la justice et la liberté. »

M. de Saint-Aulaire, non suspect de partialité pour M. Manuel, professant les mêmes principes et exprimant la même conviction, en ce qui touche à la pensée qu'on n'avait pas laissé à M. Manuel le temps d'exprimer, disait :

« Messieurs, j'humilie ma raison ; je respecte la » conscience des hommes ; mais aussi je jure à la » face de la France et des chambres ; j'engage » mon honneur, qu'après avoir examiné la phrase » de M. Manuel, j'y ai trouvé la prédiction des » mêmes événemens que ceux de notre révolution, » fondée sur l'emploi des mêmes moyens ; mais » sans y voir le moindre vestige de l'intention » parricide qu'on suppose à l'orateur. Je l'atteste » devant Dieu et devant les hommes....

» En prononçant l'exclusion d'un député, Mes-

» sieurs, vous n'attentez pas seulement au droit » des électeurs, vous envahissez encore la préro» gative royale. Je m'étonne que les ministres » m'aient laissé l'honneur de défendre ce terrain.

» Vous paraît-il bien nécessaire de jeter gros» sièrement dehors de cette salle un de ses mem» bres, parce que vous redoutez ses talens ? »

M. Royer Collard, dont le dévouement pour la dynastie des Bourbons est assez connue, disait :

« Un philosophe, je ne sais lequel, a dit : « Je hais les mauvaises maximes encore plus que les mauvaises actions. » De même je sais quelque chose de plus odieux que la violation des lois; c'est de donner à cette violation de beaux noms pour la légitimer, et d'appeler le sophisme au secours de la force : la révolution n'a que trop prodigué ce scandale. Que la force se produise, nous sommes quelquefois impuissans à l'empêcher ; mais du moins obligeons-la à garder son nom et son caractère, afin qu'elle porte sa responsabilité.

« Le régicide, dit-on, a été justifié à cette tribune par M. Manuel.... Le régicide a été justifié ! Si cela était vrai, je comprendrais la proposition qui vous est faite, et j'y réfléchirais ; mais plus l'imputation est grave, et plus elle doit être clairement établie. Je n'ai pas besoin d'animer ici mes paroles ; ma religion, sur ce point, et ce n'est pas un mot qui m'échappe, ma religion est aussi ombrageuse, aussi prompte à s'alarmer que celle d'aucun autre; et cependant je ne saurais comprendre comment M. Manuel a justifié le régicide.

» Comme jurés, disent les membres de la commission, nous déclarons que c'est ce qu'il a fait; et moi, juré, c'est-à-dire témoin comme eux, sans prévention favorable ni contraire, je déclare que ce n'est point ce qu'il a fait. Par cela seul qu'on ne cite point ses paroles, qu'on ne les met point en regard du jugement qu'on en porte, on les absout. En effet, ce ne sont point les paroles, c'est la tendance seule que la commission incrimine; la tendance, c'est-à-dire l'intention, c'est-à-dire la pensée secrette de l'orateur. Eh bien! l'intention, il la désavoue; la pensée, il la nie: qui en sait là-dessus plus que lui?

» En fait, M. Manuel n'a point justifié le régicide; on en convient: il n'est accusé que d'avoir voulu le faire; et c'est ce qu'il est impossible de prouver contre lui, quand il affirme le contraire. Le motif de l'exclusion manque donc de réalité, et le coup d'état ne remplit pas la première de ses conditions, qui est d'être nécessaire. »

Nous avons cité quelques-uns des orateurs dont les noms se présentent les premiers dans l'ordre de cette mémorable discussion; l'espace nous manque pour en citer beaucoup d'autres: on sait d'ailleurs que sur le nombre de plus de soixante députés inscrits pour parler contre le projet d'exclusion, dix ou douze seulement purent prendre la parole. M. le général Foy, l'un des derniers qui parlèrent, disait :

« Si cet attentat est consommé, notre droit, no-
» tre devoir à nous, hommes du pays, hommes
» de la liberté, ce sera de vous présenter, chaque
» jour, une proposition pour la réparation de cet
» attentat; attendez-vous y, chaque jour nous dé-
» poserons une proposition, parce que ce sera
» une protestation régulière contre un acte atten-
» tatoire à la chambre et à son autorité. »

C'est ainsi, c'est avec cette chaleur d'expression, qui ne peut émaner que d'une conviction profonde, que ses honorables collègues justifiaient M. Manuel. Mais il n'en avait pas laissé toute la charge à autrui; il s'était, comme on sait, justifié lui-même; et dans ces dernières paroles que le célèbre accusé fit entendre à cette tribune d'où on l'exilait, il s'éleva, de l'aveu de ses ennemis mêmes, à tout ce que l'éloquence des délibérations publiques a de plus noble et de plus imposant. Nous ne reproduirons pourtant que quelques lignes du discours qu'il prononça dans la séance du 27 février.

« Quoi! Messieurs, j'ai pu prêcher le régicide
» au moment où je vous dissuadais de faire ce qui
» pouvait l'amener! Quoi! je prêchais le régicide
» en vous exhortant à le prévenir!

« Je vous le demande, Messieurs, y a-t-il le

» moindre prétexte, la moindre bonne foi dans » cette accusation? Quels mots, si contraires à ma » première pensée, ont pu vous paraître l'écho » d'une pareille doctrine? quel intérêt pouvait me » décider à la soutenir devant vous? ne tendais-je » pas à un but tout opposé? ne voulais-je pas pré- » venir les causes d'une telle catastrophe?

» En vérité, Messieurs, vous me prêteriez là » une étrange absurdité; mais les termes dont je » me suis servi ne vous laissent pas même cette » ressource...

» Eh! Messieurs, la doctrine du régicide est » aussi loin de mon cœur que du vôtre. Avez-vous » oublié que, par mon âge, j'ai dû rester plus » étranger que vous aux événemens de la révolu- » tion? J'étais alors aux armées, où vous préten- » dez que l'honneur français s'était réfugié : non » assurément que j'accepte pour elles un hom- » mage qu'on leur rend aux dépens de la nation. » L'honneur français était partout; et à quelque » excès que la révolution se soit portée, nous n'ou- » blierons jamais qu'appelé par les vœux de la » France, défendue par elle au prix de son sang » et d'immenses sacrifices, elle lui a laissé en » échange une gloire impérissable et d'immor- » tels bienfaits. Nous n'oublierons jamais que » nous existons, et vous-mêmes avec nous, en » vertu des résultats qu'elle a produits; résultats » sacrés, reconnus, soit volontairement, soit

» parce qu'il ne dépendait pas de vous de les affai-
» blir....

» Peut-être, parmi vous qui me jugez, en est-
» il beaucoup qui ne peuvent pas prétendre être
» restés impassibles, être restés étrangers aux évé-
» nemens ; qui ne peuvent pas dire dans quels
» rangs, dans quelle position ils se trouvaient; et
» c'est à ceux-là que je demande s'ils sont placés
» dans une situation telle qu'ils aient acquis le
» droit de juger les hommes et les choses.

» Ainsi donc, ma vie toute entière répondrait
» à vos reproches...

» Ne vous débattez donc plus, mes collègues,
» pour démontrer cette vérité. Ne la sentent-ils
» pas comme nous ? Ne savent-ils pas aussi que
» mes intentions ont toujours été pures? (Mou-
» vement à droite) Oui, vous le savez. Eh! vien-
» drais-je, si je n'étais fort de ma conscience, vien-
» drais-je à cette tribune vous combattre et bra-
» ver vos murmures improbateurs ? C'est elle qui
» soutient mon courage. Avec un tel appui, l'on
» ne craint personne, pas même ceux qui s'établis-
» sent nos juges.

» Vous voulez me repousser de cette enceinte ;
» que justice soit faite ! Je sais qu'il peut arriver
» aujourd'hui ce que nous avons vu jadis ; les élé-
» mens sont les mêmes. Je serai votre première
» victime ; puissai-je être la dernière ! Si jamais
» un désir de vengeance pouvait arriver jusqu'à

» moi, victime de vos fureurs, je léguerai à vos
» fureurs mêmes le soin de me venger.

Voilà les derniers accens du député *deux fois élu* de la Vendée, à la tribune : ces accens auront-ils été prophétiques ?... la marche des événemens a-t-elle commencé à les justifier? Je ne sais; mais des divisions réelles, cachées quelques jours sous une opposition d'emprunt, ont éclaté ; et l'union des élémens de la majorité n'a pas survécu à cette triste victoire. Pendant que ces nouveaux germes de dissensions s'accroissent et grandissent, la guerre extérieure s'est enfin allumée, et le sang a déjà coulé; prémices menaçantes d'une lutte probablement terrible! Cependant à la fin, la France en revoyant ses enfans vainqueurs, restera peut-être, entre le deuil et le triomphe, incertaine du genre de couronne qu'elle devra leur décerner.

FIN.

IMPRIMERIE D'ABEL LANOE, RUE DE LA HARPE.

www.ingramcontent.com/pod-product-compliance
Ingram Content Group UK Ltd.
Pitfield, Milton Keynes, MK11 3LW, UK
UKHW022124190726
13855UKWH00003B/1030

9 782013 378802